파워 히스토리 시리즈 4

예언과 환타지

교사용 지침서 내려받는 곳

=〉 한글도메인 "기독교대한감리회 본부교육국" / www.kmcedu.or.kr

파워 히스토리 (Power History) 그분의 이야기

역사(History)란 무엇입니까?

역사를 말할 때 하나님을 빼놓을 수 없습니다. 왜냐하면 하나님이 역사의 주인공이시기 때문입니다. 그런 의미에서 역사, History는 His Story "그분의 이야기"입니다.

역사는 하나님의 이야기, 곧 하나님의 다스리심이 나타나는 곳입니다. 그러므로 역사를 깊이 연구할수록 우리는 하나님의 계획과 섭리를 어렴풋이라도 알 수 있는 것입니다.

이 같은 하나님의 이야기가 진하게 나타나는 장소가 바로 성경입니다. 매우 구체적으로 하나님이 이스라엘이라는 한 민족을 통하여 일하셨기 때문입니다. 물론 하나님이 단순히 이스라엘이 생각한 것처럼 이스라엘만을 위해서 존재하는 분은 아니셨습니다. 이스라엘은 "제사장 나라" 곧 세상과 하나님 사이에서 일할 도구로 부름받았던 것입니다. 이스라엘의 처음 조상 아브라함을 부르실 때 하신 말씀을 보면 매우 정확하게 알 수 있습니다.

"내가 너로 큰 민족을 이루고 네게 복을 주어 네 이름을 창대하게 하리니 너는 복이 될지라… 땅의 모든 족속이 너로 말미암아 복을 얻을 것이라 하신지라"(창 12:2~3)

하지만 이스라엘은 하나님의 뜻을 따라 살지 못합니다. 우리는 구약성경을 읽으면서 하나님의 애타는 마음을 발견해야 할 것입니다. 하나님의 뜻은 분명합니다. 지금도 하나님은 사람을 찾으시고 그를 통하여 일하고자 하십니다. 이스라엘을 부르신 것처럼 우리를 부르십니다.

파워 히스토리 교재는 역사 속에 행하셨던 하나님의 일하심과 사람들이 범한 잘못들을 공부하면서 반성하고 자신은 놀라운 하나님의 사람으로 살고자 다짐하는 청소년들을 돕고자 쓰여졌습니다. 뜨거운 마음을 가지고 말입니다.

교육국

파워 히스토리 시리즈와 자매 교재들

청소년을 위한 성경공부 교재인 "파워 히스토리 시리즈"는 역사의 핵심인 구약성경을 공부함으로써 하나님이 일하셨던 현장을 살피고 이해하여 성서적 역사관을 세우고자 하는 데 초점을 맞추었습니다.

원래 파워 히스토리 시리즈는 파워스톰 시리즈란 이름으로 시작했었지만 시리즈를 더 나누어서 세 개의 시리즈로 재구성하였습니다.

* 파워스톰 시리즈(총 4권) : 정체성과 비전

❶ 후 엠 아이?
❷ 사용 설명서
❸ 문화.com
❹ 꿈

* 파워 지저스 시리즈(총 4권) : 신약과 예수님

❶ 예수를 만난 사람들
❷ 예수를 찾아서
❸ 예수코드
❹ 파워 크리스천

* 파워 히스토리 시리즈(총 4권) : 구약과 하나님

❶ His+Story
❷ 킹덤 오브 헤븐
❸ 인간 왕국사
❹ 예언과 환타지

책의 구조

파워 히스토리 시리즈 : 구약과 하나님

파워 히스토리 시리즈의 핵심은 역사의 주인공이 하나님이라는 사실을 강조하는 것입니다. 특히 구약에 나타난 하나님의 일하심과 마음을 살피고 깨닫는 데 그 중심을 두었습니다.

❶ His + Story

- 창세기 창조와 타락의 본질과 하나님의 구원역사의 시작이 왜 그렇게 집요하게 진행되었는지를 설명하고 그 하나님의 도구들인 아브라함과 이스라엘의 역사를 살핍니다.

❷ 킹덤 오브 헤븐

- 약속의 백성을 부르신 출애굽 사건과 왕국을 세울 때까지의 역사를 통해 신실치 못한 이스라엘과 언제나 신실하신 하나님의 인도하심에 관심을 갖고 살핍니다.

❸ 인간 왕국사

- 아름다운 왕 다윗과 지혜로운 왕 솔로몬의 이야기를 통하여 진정한 지혜가 무엇인지를 살핍니다. 하지만 하나님의 지혜로 세워지지 않고 인간의 지혜로 세워진 왕국의 종말이 어떠한지를 주의 깊게 바라볼 것입니다.

❹ 예언과 환타지

- 인간의 역사 속에 하나님은 선지자들을 통하여 계속 말씀하셨습니다. 그럼에도 멸망하는 인간 왕국과 하나님 앞에 선 선지자들의 모습을 통하여 하나님 앞에 바르게 서는 것이 무엇인지를 제시합니다.

각 과의 구조

Ready (준비) : 문제를 제기하고 주제로 들어가기 위한 준비를 시킵니다.

Know (알기) : 과의 중심적인 부분으로 말씀을 통해 주제를 조명해 나갑니다.
크게 셋으로 나누어져 진행됩니다.

open 마음열고 생각하기 주제로 들어가기 위한 문의 역할을 합니다.

Dig 말씀으로 살펴보기 주제를 말씀으로 살피고 해석하는 단계입니다.

Reflect 내 삶에 적용하기 해석된 말씀을 자신의 삶에 적용하는 데 도움을 줍니다.

Do it (실천) : 적용된 말씀을 삶 속에서 살도록 돕는 구체적인 방향을 제시합니다.

Contents

STUDY

공부를 시작하면서 나의 각오

1 아직도 늦지 않았다

미국에서 실제로 있었던 일입니다.
플로리다 주의 포트 라우더데일 해변으로 가는 버스는
언제나 붐볐습니다.

그의 이름은 빙고. 4년을 형무소에서 보내다가
석방되어 집으로 가는 길이었습니다.

"가석방이 결정되는 날, 아내에게 편지를 썼소.
만일 나를 용서하고 받아들인다면
마을 어귀 참나무에 노란 손수건을 걸어 두라고.
손수건이 보이지 않으면 난 그냥 버스를 타고 어디로든 가버릴 거요."

사연을 알게 된 승객들은 그의 집이 있는 마을이 다가오자
하나 둘 창가 자리에 붙어 커다란 참나무가 나타나기만을 기다렸습니다.

남자의 얼굴은 지독한 긴장감으로 굳어갔고
차 안엔 물을 끼얹은 듯한 정적이 감돌았습니다.

"앗! 저기 봐요. 저기…"

그때 승객들은 자리를 박차고 일어나 소리쳤습니다.
커다란 참나무가 온통 노란 손수건의 물결로
뒤덮여 있었던 것입니다.
나무 아래엔 하루도 그를 잊어 본 적이 없는
그의 아내가 서 있었습니다.

-오천석의 '노란손수건' 중

노란 손수건 READY

Q1. 아내의 마음이 이해되십니까?

KNOW

하나님의 마음

마음열고 생각하기

예루살렘의 멸망 후 유다는 바벨론의 한 지방으로 편입되었습니다. 그리고 바벨론은 유다 땅에서 반란의 요인이 될 만한 지도층 인사들과 지식인들을 왕 여호야긴과 함께 바벨론으로 잡아갔습니다. 그 결과 유다 땅에 남아 있던 사람들은 거의가 가난하고 비천한 자들이었습니다.(왕하 25:12)

바벨론은 자신의 한 부속 지방으로 편하하기 위하여 유다 땅에 총독을 세웠습니다. 친 바벨론파였던 그달리야였습니다(왕하 25:22). 하지만 여전히 유다 땅에는 바벨론 저항 세력이 있었습니다. 그래서 왕족이었던 이스마엘이 저항 세력을 이끌고 그달리야를 죽이는 등 일시적으로 저항해보지만 결국은 조국을 떠나 애굽으로 피신해야 했습니다. 완전한 멸망이었습니다.

유다의 많은 성읍들은 모두 폐허로 변하였고 남아 있던 사람들은 비참한 생활의 나락으로 떨어졌습니다. 예루살렘이 무너진 후에 기록된 시편 79편은 우리에게 그때의 상황을 이렇게 말해줍니다.

"하나님이여 이방 나라들이 주의 기업의 땅에 들어와서
주의 성전을 더럽히고 예루살렘이
돌무더기가 되게 하였나이다.
그들이 주의 종들의 시체를 공중의 새에게 밥으로,
주의 성도들의 육체를 땅의 짐승에게 주며
그들의 피를 예루살렘 사방에 물 같이 흘렸으나
그들을 매장하는 자가 없었나이다."

Q1. 유다에 남아 있는 자들에게 임한 비참함에 대하여 예레미야애가가 잘 기록하고 있습니다. 그 처참함을 자세히 알고 싶다면 다음의 말씀들을 읽어보십시오. (애 1:19, 2:20-21, 4:9-10, 5:10-11)

Q2. 우리나라도 일본의 식민지 지배를 받은 적이 있습니다. 아는 대로 그 비참함의 역사를 함께 나눠보십시오.

Dig 말씀으로 살펴보기

예레미야는 이 불행한 시기의 선지자였습니다. 예레미야는 유다의 멸망 앞에 이제 유다가 살아갈 방법을 제시하였습니다. 그런데 매우 이상한 이야기였습니다.

"너희는 집을 짓고 거기에 살며 텃밭을 만들고 그 열매를 먹으라 아내를 맞이하여 자녀를 낳으며 너희 아들이 아내를 맞이하며 너희 딸이 남편을 맞아 그들로 자녀를 낳게 하여 너희가 거기에서 번성하고 줄어들지 아니하게 하라."(렘 29:5-6)

Q3. 예레미야는 이 같은 유배생활을 70년 동안 순순히 할 것을 요청한 것입니다. 그렇다면 왜 예레미야는 이 같은 예언을 한 것입니까?(렘 29:10-14)

Q4. 예레미야는 유다가 포로생활을 어떻게 해야 하는지를 여호와의 말씀을 따라서 설명합니다(렘 29:4-9). 이렇게 명하시는 하나님의 마음을 한번 생각해보시고 오늘 우리에게 어떤 의미를 주는지 적용해보십시오.

예레미야의 메시지는 분명히 하나님의 심판이었지만 이어서 회복에 대한 희망이 함께하였습니다. 이러한 모습은 유다 말기의 선지자인 스바냐, 하박국에게도 동일하였습니다.

Q5. 예레미야를 통하여 말씀하시는 하나님의 메시지는 무엇입니까? (렘 33:1-16)

Q6. 스바냐를 통하여 말씀하시는 하나님의 메시지는 무엇입니까? (습 3:14-20)

Reflect 내 삶에 적용하기

분명 지금 이스라엘이 만난 상황은 비참한 멸망과 포로생활이었습니다. 물론 이스라엘의 잘못에 대한 결과였습니다. 그럼에도 불구하고 하나님이 말씀하고 계시는 것은 회복이었습니다. 이미 다 준비해놓고 계셨던 것입니다.

Q7. 이제 남은 것은 무엇입니까? 오늘 우리를 향해서도 동일하십니다. 이제 우리가 해야 할 것은 무엇이라고 생각하십니까?

DO IT

너의 하나님 여호와가

Q1. 스바냐 선지자를 통하여 하신 말씀을 찬찬히 읽어보신 후에 함께 노래를 배워보는 시간을 가져보십시오.

너의 하나님 여호와가 너의 가운데에 계시니
그는 구원을 베푸실 전능자이시라
그가 너로 말미암아 기쁨을 이기지 못하시며
너를 잠잠히 사랑하시며
너로 말미암아 즐거이 부르며 기뻐하시리라.(습 3:17)

너의 하나님 여호와가

스바냐 3:17 김진호 곡

* 주일 예배 말씀 *

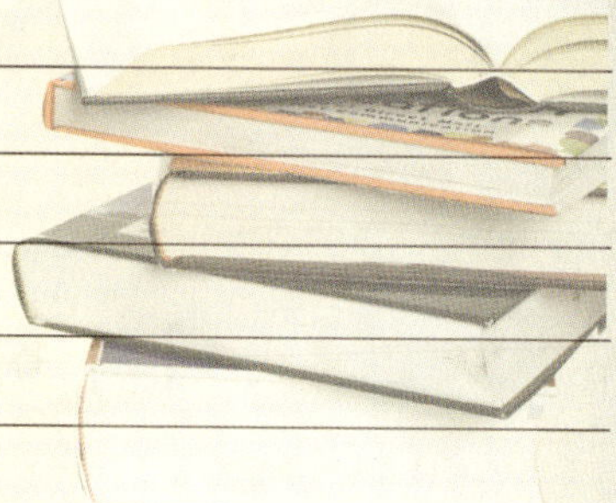

1과 Quiz

Q1. 왜 예레미야는 70년의 유배생활을 순순히 할 것을 요청했습니까?

Q2. 하나님의 진짜 마음은 무엇이었습니까? 스바냐서 말씀을 다시 읽어보십시오.

2 디아스포라

READY

사막을 걷다

Q1. 사막을 걷는 이를 보면서 어떤 느낌이 드십니까?

1과 2과 3과 4과 5과 6과 7과 8과 9과 10과 11과 12과 13과

KNOW 디아스포라

open 마음열고 생각하기

사막으로 걸어가듯이 그들은 바벨론으로 잡혀갔습니다. 뿐만 아니라 유다 땅에 남은 자들도 그대로 살 수는 없었습니다. 핍박을 피해 혹은 여러 가지 이유로 여기저기 흩어졌습니다.

Q1. 고향을 떠나 이역만리로 흩어져 사는 것은 마치 사막을 걷는 것과 같습니다. 그들의 마음을 한번 생각해보십시오.

Dig 말씀으로 살펴보기

그렇게 황폐한 땅에서 생계를 유지할 수 없었던 많은 사람들이 애굽을 비롯하여 지중해 연안, 메소포타미아 일대로 흩어졌습니다. 그때부터 흩어진 유다인들은 아름다운 예루살렘 성전과 다윗성을 마음 속에 삶의 중심으로 삼고 살아갔습니다. 이처럼 바벨론에 포로로 잡혀간 사람들과 함께 경제적 혹은 정치적인 이유로 흩어진 유다인들을 디아스포라(Diaspora) 유다인이라 불렀습니다.

Q2. 우리는 다니엘서를 통하여 이들의 삶을 그려볼 수 있습니다. 다니엘은 어떤 태도를 유지하며 살고 있었습니까?(단 6:10)

유다의 멸망과 함께 디아스포라 유다인들과 유다에 남아 있던 사람들은 이런 물음을 던지게 되었습니다.

하나님은 우리를 버리시지 않았는가?
하나님은 정말 살아 계신가?
하나님은 어디에 계신가?
어떻게 하나님이 계신 성전이 무너질 수 있는가?

Q3. 이 같은 질문을 던지는 사람들에게 당신은 뭐라고 대답할 수 있겠습니까?

유다의 멸망은 신앙의 근본이 흔들리는 계기가 되었습니다.
그렇지만 포로된 상황에서 이내 그들은 하나님에 대한 새로운 이해를 하게 되었고
예언자들의 메시지를 통해서 새로운 역사 이해에 이르게 됩니다.
그것은 우리가 사사기에서 본 것처럼
이스라엘의 범죄 - 하나님의 심판 - 이스라엘의 회개 - 구원자를 일으키심 - 이스라엘의 회복이라는
역사 이해를 갖게 된 것입니다.

Q4. 매우 중요한 변화가 일어난 것입니다. 그렇다면 그 절망 속에서 그들이 깨닫게 된 것은 무엇이며 어떤 변화가 일어났을 것이라고 생각하십니까?(겔 11:15-21)

Q5. 이 변화는 제사를 드리고, 회개의 표현으로 옷을 찢는 것, 혹은 단순히 의식적으로 성전에서 예배를 드리는 것과 다른 어떤 것을 요구하는 것이었습니다. 하나님이 요구하는 진정한 회개와 예배는 무엇이라는 것을 안 것입니다. 어떻게 해야 했습니까?
(욜 2:12-13)

Reflect
내 삶에 적용하기

이스라엘 백성들은 다시 처음부터 시작해야 했습니다.
그 시작은 이스라엘이 가나안 땅에 들어서기 전에
여호수아가 신을 벗었던 것과 같이
모든 것을 내려놓고 하나님을 바라보는 것에서부터였습니다.

Q6. 하나님 앞에서 신을 벗는 것처럼 진실로 하나님을 의존하며 서 본 적이 있으십니까?

DO IT 신을 벗고서

세상을 걷는다

끝이 보이지 않았다
반복된 일상

'내가 살아 있기는 한걸까'

그렇게 내가 사라질 즈음
신을 벗었다

'아,
내가 살아 있었다.'

하나님이 죽은 것같이 살던 모세를
시내산 꼭대기로 부르셨을 때였습니다.
그분이 말씀하셨습니다.

"네 신을 벗으라."

그때 죽었던 모세가 살아났습니다.

Q1. 얼마나 멋있습니까? 지금 신을 벗어보십시오. 하나님께 모든 것을 내려놓고 맡기는 마음으로 말입니다. 그리고 마지막 마침 기도를 해보십시오.

* 주일 예배 말씀 *

2과 Quiz

Q1. 이스라엘이 멸망하면서 흩어진 유다인들을 무엇이라고 불렀습니까?

Q2. 포로생활을 하면서 이스라엘은 무엇을 깨닫게 되었습니까?

3 누구의 잘못인가?

고속도로를 주행하던 승용차가 문제가 있어서 잠시 갓길에 주차를 하였습니다. 비록 차가 약간 밀리는 경향이 있었지만 대부분의 차들은 고속도로 위를 달리고 있었습니다. 그런데 급하게 주행하던 차 한 대가 갓길로 들어섰다가 미처 정차되어 있는 차를 발견하지 못해 충돌했습니다. 사람이 죽지는 않았지만 두 차의 운전자와 함께 탔던 일행이 큰 상처를 입었습니다.

READY

갓길 충돌사고

Q1. 누가 잘못한 것입니까? 갓길에 정차한 차량입니까?
갓길을 주행하다가 충돌한 차입니까?

KNOW

내 이가 시린 이유

마음열고 생각하기

분명 고속도로 갓길에 세웠음에도 삼각대를 세우고 위험상황을 충분히 알리지 않은 갓길 정차 차량에 우선 잘못이 있습니다.

Q1. 그렇다면 이 사고에서 갓길로 달리던 차에게는 잘못이 없습니까? 잘못은 갓길에 정차된 차에게만 있는 것입니까?

말씀으로 살펴보기

바벨론 포로로 잡혀간 유대인들 안에서 긍정적인 변화가 있었습니다. 하지만 일부 유대인들은 투덜대기 시작했습니다. 이런 속담이 돌았습니다.

"아버지가 신 포도를 먹었으므로 아들들의 이가 시다."(렘 31:29)

이 속담은 아버지 세대가 범죄함으로 포로로 잡혀왔으니 이 같은 치욕은 아버지 세대가 잘못했기 때문이고, 지금 자신들에게는 잘못이 없다는 뜻이었습니다.

Q2. 그렇습니까? 아들의 이가 시린 이유는 아버지가 신 포도를 먹었기 때문입니까?
하나님은 뭐라고 말씀하셨습니까?(렘 31:30)

같은 이야기를 에스겔 선지자도 언급하였습니다. 분명 아버지 세대가 잘못하였지만 아들 세대 역시 잘못하였기 때문에 지금의 결과가 빚어졌다는 것을 강조하였습니다.

"죄를 지은 영혼 바로 그 사람이 죽을 것이며,
아들은 아버지의 죄에 대한 벌을 받지 않을 것이며,
아버지가 아들의 죄에 대한 벌도 받지 않을 것이다.
의인의 의도 자신에게로 돌아가고,
악인의 악도 자신에게로 돌아갈 것이다."(새번역/겔 18:20)

그렇습니다. 아버지 세대의 잘못이 오늘 우리에게 영향을 미칠 수도 있습니다. 하지만 오늘 우리가 바르게 하나님 앞에 선다면 얼마든지 그 아버지 세대의 잘못을 차단할 수 있으며 새롭게 설 수 있다는 말입니다.

Q3. 그런 이유로 에스겔 선지자는 아버지 세대가 중요한 것이 아니라
오늘 우리가 중요하다고 말합니다. 어떻게 행동해야 한다고
말합니까?(겔 18:30)

언제나 하나님 앞에서
우리는 새롭게 시작할 수 있습니다.
하나님은 에스겔 선지자를 통하여
이렇게 말씀하셨습니다.

죽을 죄를 지은 사람이라도,
그가 죽는 것을
나는 절대로 기뻐하지 않는다.
그러므로 너희는
회개하고 살아라.
나 주 하나님의 말이다.

(새번역/겔 18:32)

Q4. 우리가 예수를 믿을 때 우리는 과거의 모든 죄와 더러움으로부터 단절되었습니다. 그것을 믿으십니까?

Reflect 내 삶에 적용하기

Q5. 혹시 지금의 상황이 어려울 수 있습니다. 하지만 우리는 새롭게 시작할 수 있습니다. 주님 때문입니다. 그런데 혹시 그런 다짐이나 결단 대신 자신의 어려운 상황이나 형편을 부모의 탓으로 돌리고 있지는 않습니까?

Q6. 의심하는 이스라엘 백성들과 오늘 우리를 위해 예레미야 선지자가 하나님의 뜻을 정확하게 적어놓았습니다. 직접 적어보십시오.(렘 29:11)

DO IT 나에게도 잘못이 있다

분명히 정차한 차에 우선 잘못이 있지만 갓길을 운전하던 차에도 분명한 잘못이 있습니다.
많은 재판 결과가 그렇게 나왔습니다. 일부 책임이 있다는 판결을 내린 것입니다.
다음과 같은 이유였습니다.

- 비상시가 아닌데 갓길 주행
- 전방 주시 불이행

Q1. 부모나 다른 사람에게 탓을 돌리기 전에 나의 삶은 나에게 우선 책임이 있습니다.
살아오면서 자신이 범했던 잘못들, 아직 처리하지 못한 잘못들을 적어보십시오.

* 주일 예배 말씀 *

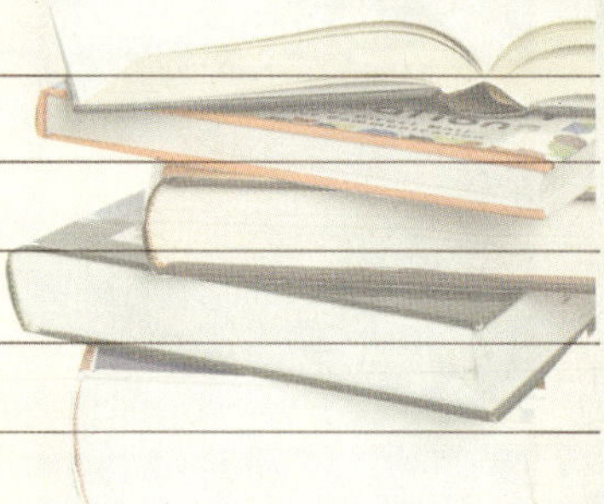

3과 Quiz

Q1. 이스라엘이 멸망당하고 포로로 잡혀 온 이유는 아버지 세대만의 잘못입니까?

Q2. 나의 미래에 대한 책임은 누구에게 있습니까?

4 천천히 길들여지다

READY

닭이 된 독수리

Q1. 닭이 된 독수리 이야기를 아십니까?

---

http://blog.naver.com/borisark?Redirect=Log&logNo=119128056

KNOW 우리는 하나님 나라 백성인데

open 마음열고 생각하기

어떤 사람이 독수리 알을 발견하여 자기 집 뒤뜰 닭장 안에 갖다 놓았습니다. 어미 닭의 품에서 부화된 독수리는 다른 병아리들과 같이 자랐습니다. 평생 동안 독수리는 자신이 다른 닭보다 조금 더 큰 정도의 닭이라고 생각했습니다. 그래서 다른 닭들처럼 닭 울음소리를 내고, 늘 주인이 주는 모이를 먹고 고작 약간의 날갯짓 정도만 하는 닭이 되었습니다. 독수리인데 말입니다.

Q1. 독수리는 왜 닭처럼 행동한 것입니까?

Dig 말씀으로 살펴보기

디아스포라 유대인이나 유다에 남아 있는 사람들보다 바벨론의 포로로 잡혀갔던 사람들은 오히려 자유로웠습니다. 사유재산이 인정되었고 자기 직업을 가지며 신앙생활도 대체적으로 자유롭게 할 수 있었습니다. 그리고 얼마되지 않아 유대인들은 탁월한 생활능력을 보이며 적응을 하였습니다. 참 똑똑한 민족이었습니다. 나중에 에스더가 왕비가 된 것에서 알 수 있듯이 포로들 가운데 일부는 정치나 경제 등의 영역에서 유력한 사람들이 되었고 포로생활이 거의 끝날 즈음에는 유다에서 누리지 못했던 물질적 풍요를 누리는 사람들이 많이 있었습니다. 그런 까닭에 그들 중 일부는 다시 팔레스틴 땅으로 다시 돌아가고 싶지 않았던 것으로 보입니다. 일종의 정체성 위기였습니다.

Q2. 포로생활이 안정되어 자리를 잡았을지라도 그들은 바벨론 국민이나 페르시아 국민이 될 수 없었습니다. 왜 그렇습니까?

Q3. 얼굴 모습이 비슷한 중국이나 일본의 침략을 받았을 때 우리 민족은 끝까지 싸웠습니다. 왜 중국이나 일본 백성이 될 수 없었던 것입니까?

닭으로 살아야 했던 독수리의 모습이 불쌍한 것처럼
자신의 정체성을 모르고 살아가는 사람들은 불쌍한 사람들이고, 불쌍한 백성입니다.

사실 오늘 우리가 비록 이 세상에서 살고 있지만
우리가 예수를 믿는 순간부터 하나님의 자녀가 되었고,
우리는 하나님 나라의 시민이 되었습니다.

Q4. 바울이 얘기했던 우리의 신분에 대한 말씀을 적어보십시오.(빌 3:20)

우리의 가장 큰 문제는 우리가 하나님의 자녀라는
사실을 모른다는 점입니다.
마치 독수리인데도 닭처럼 살고 있다는 말입니다.

Q5. 닭이 아니라 독수리라는 사실을 알려면 어떻게 해야 합니까?

Q6. 우리가 하나님의 자녀임을 늘 확인하며 살 수 있는 방법은 무엇입니까?

Reflect 내 삶에 적용하기

독수리 이야기를 들으면서 가장 아쉬운 것은
그 옆에 진짜 독수리가 있었다면
혹은 좋은 선생이 있었다면 하는 아쉬움입니다.

그런데 이스라엘 백성에게는 예언자들이 있었습니다.
에스겔, 예레미야, 학개, 스가랴, 요엘, 말라기 등의
예언자들이 있었습니다.
이스라엘을 하나님의 백성답게 살게 해주는
하나님의 메신저들이었습니다.

Q7. 나에게 혹은 우리에게
이같이 좋은 선생님이나 리더가 있습니까?

DO IT

그 다음 이야기

닭이 된 독수리 이야기를 다시 읽어보십시오.
그리고 이번에는 그 이후 이야기를 창작해서 적어보십시오.
평생 독수리가 닭으로 살았다고 결말을 내릴 수도 있고,
혹은 진정한 독수리로 회복하는 이야기일 수도 있습니다.

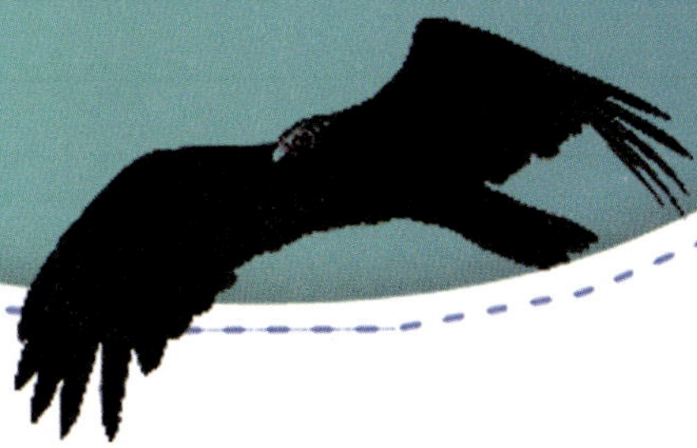

Q1. 나는 어떻게 그 다음 이야기를 쓰겠습니까?

Q2. 왜 이렇게 썼는지 함께 나누는 시간을 가져보십시오.

* 주일 예배 말씀 *

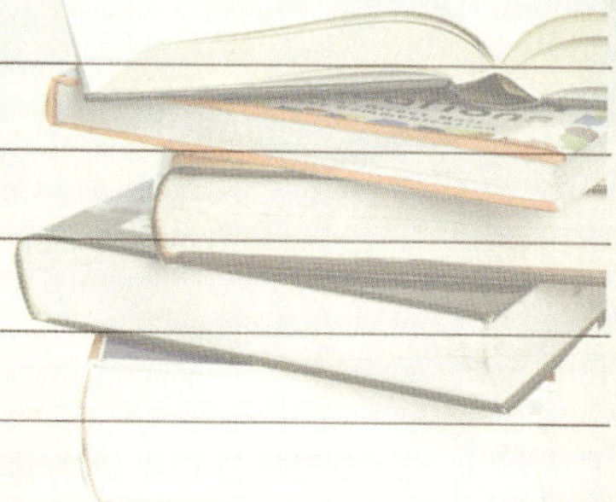

4과 Quiz

Q1. 포로생활을 하면서도 그 나라 백성이 되지 않은 이유는 무엇입니까?

Q2. 우리가 하나님의 자녀임을 늘 확인하며 살 수 있는 방법은 무엇입니까?

5 하나님의 꿈

겨자씨의 크기

READY

Q1. 이렇게 작은 겨자씨가 얼마나 크게 자라는지 아십니까?

KNOW 마른 뼈 환상

마음열고 생각하기

겨자나무가 아름드리 나무는 아니지만 참깨만한 씨가 새가 깃들 만한 크기로 자란다는 것은 참 놀라운 일입니다. 특히 주님은 겨자씨를 하나님 나라에 비유하여 말씀하신 적이 있었습니다.

**"하나님의 나라가 무엇과 같을까 내가 무엇으로 비교할까
마치 사람이 자기 채소밭에 갖다 심은 겨자씨 한 알 같으니
자라 나무가 되어 공중의 새들이 그 가지에 깃들였느니라."**(눅 13:18-19)

Q1. 겨자씨가 이렇게 크게 된 것을 믿을 수 있습니까?

말씀으로 살펴보기

포로생활을 하면서도 이스라엘은 하나님 나라와 이스라엘 회복을 추구하였지만 많은 이들이 포로생활에 적응하며 자신들이 누구인지를 잃어가고 있었습니다.

선지자 에스겔은 B.C. 597년 2차 포로로 잡혀갈 때 팔레스틴을 떠난 제사장으로(겔 1:2) B.C. 593년 하나님의 소명을 받고 바벨론에서 활동한 예언자입니다. 시간이 지나면서, 그러니까 포로생활한 지 10여 년이 지나면서 유다 민족은 스스로 절망하기 시작하였습니다. 다시 회복되어 이스라엘 땅으로 돌아가는 것은 불가능해보였던 것입니다. 그들은 자신들의 모습이 마른 뼈처럼 보였던 것입니다. 그때 하나님이 놀라운 환상을 보여주셨습니다. 바로 "마른 뼈 환상"이었습니다.

"여호와께서 권능으로 내게 임재하시고 그의 영으로 나를 데리고 가서 골짜기 가운데 두셨는데 거기 뼈가 가득하더라… 아주 말랐더라."(겔 37:1-2)

Q2. 이것이 이스라엘의 모습이었습니다. 그런데 하나님은 다른 꿈을 꾸고 계셨습니다. 하나님이 꾸시는 꿈은 무엇이었는지 에스겔 37장 1절에서 10절을 읽고 대답해보십시오.

Q3. 마른 뼈가 변하는 이 놀라운 기적은 무엇으로 이루어진 것이었습니까?

Q4. 이 놀라운 환상은 무엇을 하시겠다는 하나님의 뜻이었습니까?
그 부가적인 설명은 에스겔 37장 11-14절에 있습니다. 읽고 적어보십시오.

Reflect 내 삶에 적용하기

현재 포로생활하는 이스라엘의 모습은 마른 뼈 같았습니다. 그런데 하나님의 꿈은 군대를 이루는 것, 곧 상상할 수 없는 회복에 있었습니다.

Q5. 현재 우리의 모습이 마른 뼈 같아 보이고,
겨자씨 한 알처럼 보이지만 하나님은 우리를
향해 놀라운 꿈을 갖고 계십니다.
그것이 무엇이라고 생각하십니까?

Then you, my people, will know that I am the LORD, when I open your graves and bring you up from them. (Ezekiel 37:12)

DO IT 하나님의 꿈을 믿으십니까?

에스겔의 예언과 함께 여러 가지 변화가 일어났습니다. 느브갓네살 왕의 오랜 통치(B.C. 605-562)가 끝나면서 에윌므로닥 왕이(왕하 25:27) 바벨론 왕위에 오릅니다. 그는 2년 동안 통치하면서 여호야긴의 감금을 풀고 다시 유다의 왕으로 대우했습니다.(왕하 25:27-29)

그러나 그는 자신의 매형인 메르갈 살레제르에 의해 암살당하였고, 그 다음 왕인 라바치 마르독에 이어 나보니두스(B.C. 556-539)가 바벨론의 왕이 됩니다. 나보니두스는 왕위에 오른 뒤 나랏일은 자신의 아들 벨사살에게 맡기고 아라비아 등지에서 휴양을 하며 보냈습니다.

드디어 서부 아시아의 신흥 세력 페르시아가 일어났고, 왕 고레스가 바벨론을 멸망시킵니다. 그 고레스가 이스라엘의 포로 귀환을 돕는 왕이었습니다. 에스겔의 예언처럼 하나님의 계획이 진행된 것입니다.

Q1. 하나님의 계획을 믿으십니까?
마른 뼈 같을지라도, 보잘것없는 겨자씨 한 알 같을지라도
회복시키실 하나님의 꿈을 믿으십니까?
그렇다면 그 믿음의 기도를 적어보십시오.

* 주일 예배 말씀 *

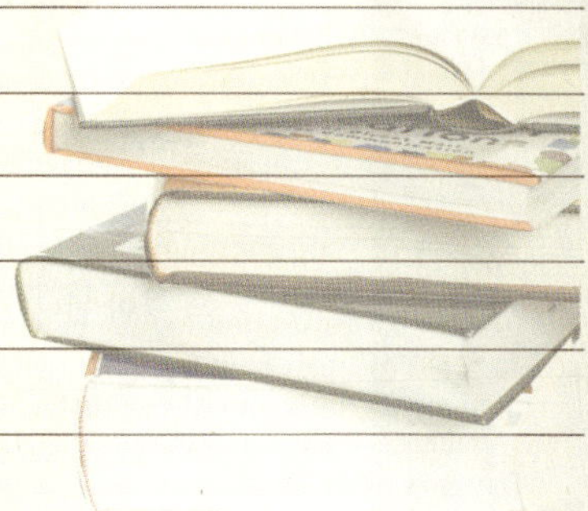

5과 Quiz

Q1. 에스겔이 본 환상은 무슨 환상이었습니까?

Q2. 그 환상은 무엇을 의미하는 것이었습니까?

6 하나님이 하신다!

길에 들어서기만 하면 READY

Q1. 서울 톨게이트이든 동서울 톨게이트이든 상관없이 고속도로에 들어서서 다른 출구를 선택하지 않고 곧장 가면 어디에 이르는지 아십니까?

KNOW 하나님이 하신다!

마음열고 생각하기

하나님이 선지자들을 통해 예언하신 대로 이스라엘의 예루살렘 귀환은 페르시아 왕 고레스의 등장으로 이루어졌습니다. 고레스 왕은 B.C. 539년 바벨론을 정복한 후 1년 뒤인 B.C. 538년 이스라엘의 귀환을 말하는 매우 놀라운 명령을 내렸습니다.

Q1. 고레스 왕이 내린 그 놀라운 명령은 무엇입니까?(스 1:1-4)

Q2. 왜 놀라운 명령인 것입니까?

말씀으로 살펴보기

고레스의 칙령에 따라 바벨론 땅에 있던 42,360명(스 2:64)이 유다 왕족 출신 세스바살의 인도를 따라(스 1:8) 예루살렘으로 돌아오게 됩니다. 이후 스룹바벨과 대제사장 예수아에 의해 성전 건축이 B.C. 537년에 진행됩니다.

그들이 드디어 예루살렘 성전을 지으려고
무너진 터 위에 여호와의 성전 기초를 놓을 때입니다.
그들은 감격에 복받쳐 어찌할 줄 몰라합니다.

견딜 수 없는 감격이었습니다.

No one could distinguish
the sound of the shouts of
joy from the sound of weeping,

because the people
made so much noise.
And the sound was heard far away. (Ezra 3:13)

Q3. 여호와의 성전 기초를 놓을 때 사람들은 어떤 반응을 보였다고 성경은 쓰고 있습니까?(스 3:10-13)

Q4. 하나님이 이렇게 부르고 계시다면 고레스는 하나님을 알고 있는 존재였습니까?(사 45:5)

Reflect 내 삶에 적용하기

Q5. 페르시아의 왕 고레스와 하나님의 관계, 고레스를 통한 이스라엘의 포로 귀환 등 일련의 이야기를 공부하면서 드는 생각을 자유롭게 적고 나눠보십시오.

DO IT 우리를 통해서

감리교 선교사인 아펜젤러는 1885년 2월 1일 스크랜튼, 언더우드와 더불어 부산으로 출발하여 4월 2일에 도착하였고, 4월 5일 부활주일에 제물포 항구를 통하여 입국하였습니다. 이때의 감격을 아펜젤러는 다음과 같이 적었습니다.

우리는 부활절에 이 곳에 도착했다.
이 날 사망의 빗장을 산산이 깨뜨리시고
부활하신 주께서 이 나라 백성들이
얽매여 있는 굴레를 끊으사
그들에게 하나님의 자녀가 누리는
빛과 자유를 허락해 주옵소서.

(1885년 4월 9일 제물포에서 쓴 편지)

Q1. 이것이 시작이었습니다. 우리 민족이 한 것은 미미했습니다. 모두 하나님이 하신 것입니다. 하나님이 그들을 보내신 것입니다. 어떻게 생각하십니까?

Q2. 우리가 부족할지라도 하나님은 누구를 통해서라도 하나님의 뜻을 이루십니다. 그래서 우리에게 필요한 것은 최선과 정직입니다. 자신의 삶의 태도는 어떤지 서로 나눠보십시오.

* 주일 예배 말씀 *

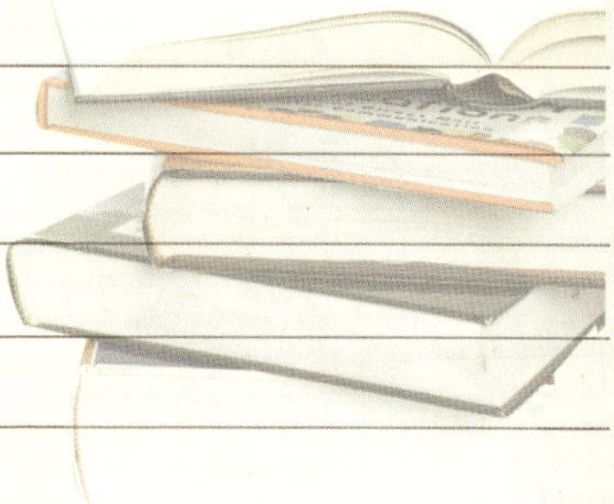

6과 Quiz

Q1. 고레스 왕은 하나님을 믿는 왕이었습니까?

Q2. 우리가 원해서 선교사들이 우리나라에 온 것입니까?
그렇지 않다면 누가 역사의 주인입니까?

7 앞이 보이지 않을 때

감옥에서 세운 계획

READY

남아프리카 공화국에서 아프리카 인권을 위해 일하던 만델라는 남아프리카 공화국으로부터 26년 6개월 형을 선고 받습니다. 그때 그가 감옥에서 세운 계획이 무엇인지 아십니까?

우리나라 15대 김대중 대통령이 감옥에 있는 동안 몇 권의 책을 읽었는지 아십니까?

재일교포 사업가인 소프트 뱅크 회장 손정의가 죽음에 직면해서 병원에 입원했던 20대 3년 동안의 생활 중 읽었던 책의 숫자를 추측해보십시오.

KNOW 앞이 보이지 않을 때 할 일

마음열고 생각하기

바울도 그랬습니다. 그가 감옥에 있으면서 디모데에게 보낸 편지의 맺음말은 이렇습니다.

"그대가 이리로 올 때에 내가 드로아스에 있는 가르포의 집에 두고 온 내 외투와 책들을 가지고 오시오. 특히 양피지로 만든 책들을 꼭 가지고 오시오."(공동번역/딤후 4:13)

바울이 부탁한 책이 무슨 책인지 모르지만 그 역시 자신이 살아 있는 것을 확인하는 것으로 독서를 선택했음에 틀림이 없습니다.

Q1. 지난 한 달 동안 읽은 책이 있었다면 소개해보시겠습니까?

말씀으로 살펴보기

고레스 칙령을 따라 예루살렘으로 귀환한 이스라엘 백성이 감격스러운 성전 건축을 시작했지만 쉽지 않았습니다. 성전을 다시 재건하는 일은 여러가지 상황에서 도전과 어려움에 직면하였습니다. 그 중 하나는 사마리아 토착세력의 저항이었습니다.

계속되는 성전 건축이 여의치 않았던 것입니다.
그 외에도 처음 고레스 왕의 칙령과는 달리
시간이 지나면서 페르시아 관리들은 그 내용을 잊어버리게 되었고,
설상가상 예루살렘 땅의 빈약함과 가난함이 더해져서
다리오 왕이 즉위할 때까지
약 15년 동안 성전 건축은 중단되기도 하였습니다.
이 같은 우여곡절을 겪다가
드디어 스룹바벨과 예수아가 중심이 된
성전 건축이 B.C. 515년에 완료되었습니다.
(스 5-6장; 학 1:12-15)

Q2. 성전 건축은 끝났습니다.
이제 모든 것이 끝났습니까?
성전 건축보다 중요한 것이 있는 것은 아닙니까?

이스라엘은 성전 건축이 전부인 것으로 여긴 것 같습니다.
하지만 성전 건축(B.C. 515)이 이루어진 후 수십년이 지났는데
이상하게도 기근과 곤핍함은 계속되었습니다.
더욱이 이전 영화로웠던 다윗 왕국의 회복은 요원해보였습니다.
그러자 유다 민족은 다시 희망 없는 상태로
빠져 들어가기 시작하였습니다.
그런데 이렇게 회복되지 않는 유다의 모습은 사실
그들의 불의함 때문이었습니다.

그 후 58년 동안 이스라엘은 피폐하고 타락하였습니다.
희망이 사라진 것입니다.
그 즈음 아닥사스다 왕 7년(스 7:7, B.C. 458)에 에스라가
아닥사스다 왕의 허락을 받고 1,754명과 함께 예루살렘으로
귀환하였습니다.

하지만 예루살렘은 성전 건축 이전보다 더욱 비참한 상태였습니다.
주변 닷드네 총독 등의 강력한 도전이 있었을 뿐만 아니라
윤리적으로도 그들은 매우 문란한 삶을 살고 있었고,
신앙적으로도 형편없었습니다.
예전에는 성전 건축이라는 구심점이 있었지만 지금은 그 어떤 것도 없었습니다.
그래서 더 큰 절망이 예루살렘을 지배하고 있었습니다.
그때 에스라가 온 것입니다.

Q3. 이 절망적인 상황은 어떤 것으로도 극복시킬 수 없어 보였습니다.
그때 에스라는 무엇을 하였습니까?(스 7:10)

Reflect 내 삶에 적용하기

Q4. 우리나라가 풍전등화같이 위기 가운데 있었던 시절
우리 자랑스러운 선배 신앙인들은
무엇을 하였는지 아십니까?

DO IT All Leaders are Readers!

"All Leaders are Readers!"

모든 리더, 지도자들은

책을 읽는 사람들, 독서광, 공부하는 사람들이었습니다!

실제로 평생 동안 400여 권의 책을 썼던

존 웨슬리 목사님은 이런 말씀을 하셨습니다.

책을 읽지 않는 사람은 지도자가 될 자격이 없다.

Q1. 공부가 바쁘고 부담스럽지만 자기가 읽고 싶은 책, 독서계획을 세워보십시오.
선생님과 친구들과 함께 논의해서 꼭 읽어야 할 책을 선정하고 읽어보십시오.

Q2. 하나님이 쓰시는 사람이 될 준비를 하십시오.
하나님의 계획을 믿으며 최선의 공부를 해볼 마음을 먹으십시오.

---

* 주일 예배 말씀 *

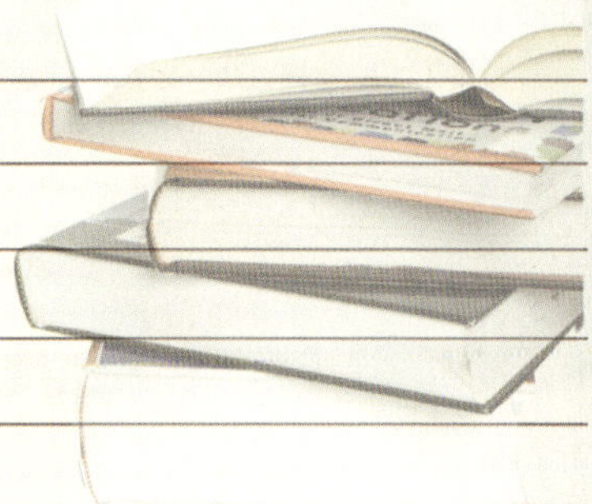

7과 Quiz

Q1. 성전 건축 후 절망 가운데 있을 때 에스라가 예루살렘으로 와서 한 일은 무엇입니까?

Q2. 내가 힘들고 어려울 때에도 책을 읽고, 공부를 할 수 있습니까?

8 당당해야 하는 이유

une 1889; Oil on Canvas, 72 x 92 cm (29 x 36 1/4 in); The Museum of Modern Art, New York

READY

별이 빛나는 밤

Q1. 이 작품의 이름은 "별이 빛나는 밤"입니다.
이 그림이 누구의 그림인지 아십니까?

KNOW 그리 아니하실지라도

마음열고 생각하기

Q1. 이 그림은 빈센트 반 고흐의 "아를르의 포룸 광장의 카페 테라스"입니다.
이 작품을 그릴 때 고흐는 작품 마감일에 쫓겨 억지로 만들었을까요?
아니면 그리는 것 자체가 즐거움이었을까요?

말씀으로 살펴보기

느부갓네살 왕이 통치하던 바벨론 포로시기였습니다. 다니엘을 비롯한 유대 출신 청년들은 매우 탁월한 능력으로 왕궁에서 쓰임받고 있었습니다. 그러나 이 같은 모습을 시기하던 무리들이 함정을 만들었습니다. 그래서 금 신상을 만들어 거기에 절하게 하고 만약 행하지 않으면 풀무불에 던지우는 형벌을 만든 것입니다.
그 계책에 다니엘의 친구들인 사드락과 메삭과 아벳느고가 걸려들었습니다. 왕은 그들에게 절할 것을 요구하였습니다. 기회를 준 것이었습니다. 하지만 사드락과 메삭과 아벳느고는 매우 분명하였습니다. 그들은 흔들림이 없었습니다.

Q2. 그들이 어떤 태도를 보였는지 다니엘서 3장 17-18절을 직접 읽으신 후 말해보십시오.

다니엘의 세 친구는 왕의 얘기를 간과하였습니다.
지금 뻔히 죽게 된 상황이었지만 불평하지도 않았습니다.
그들은 죽게 될지도 모른다고 생각했습니다.
하지만 두려워하지 않았습니다.
"그리 아니하실지라도"도 그것을 증명합니다.

Q3. 이들의 자신감은 어디에서 나온 것이라고 생각하십니까?

Q4. 그들에게 신앙은 어떤 것이었다고 여겨지십니까?

그 기막힌 다니엘의 세 친구를 보면서
왕은 더 강력하게 불의 세기를 일곱 배나 높였습니다.
하지만 별로 의미가 없었습니다.

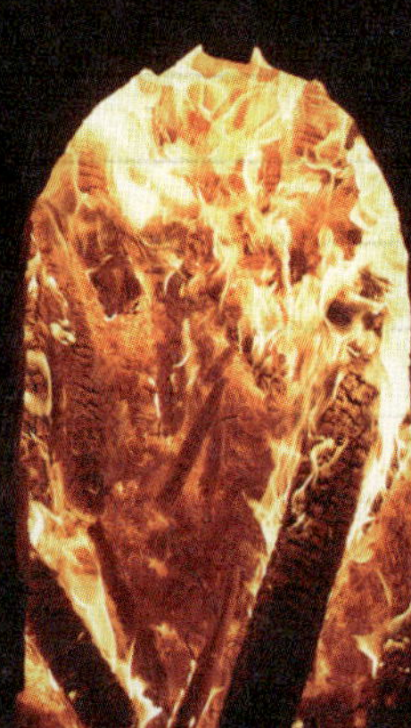

Q5. 왜 의미가 없는 것입니까?

이미 그들은 이 세상을 넘어선 상위개념을 갖고 있었기 때문입니다.

바로 하나님이셨습니다.

Reflect
내 삶에 적용하기

Q6. 이 같은 삶의 태도를 가진 그들에게 하나님이 허락하신 방법은 무엇이었습니까?
사람들은 그들 가운데에 임한 환상을 보았습니다. 그들은 무엇을 보았습니까?(단 3:25)

DO IT 당당해야 하는 이유

아십니까? 우리 하나님 아버지는 온 세상을 만드신 창조주이십니다.
우리를 너무 사랑하셔서 독생자 예수를 보내셔서 우리 죄를 사하셨습니다.

바울은 이 사실을 알고 난 후에 견딜 수 없이 흥분하였습니다.
하나님이 바로 자신의 편이라는 사실이 너무나도 강력했기 때문이었습니다.

이 어린 아이는
자신있어 보입니다.
조금도 위축되어
보이지 않습니다.
매우 당당합니다.

아버지가 함께 있기 때문입니다.

**당신의 아들을 아끼지 않으시고,
우리 모두를 위하여 내주신 분이,
어찌 그 아들과 함께 모든 것을
우리에게 선물로
거저 주지 않으시겠습니까?**

(표준새번역/롬 8:32)

Q1. 이 놀라운 깨달음을 믿으십니까?

Q2. 이 같은 깨달음을 갖게 된 바울이 다음과 같이 고백하였습니다.
읽으실 때 (   ) 안에 자신의 이름을 넣고 읽으십시오.

(   )가 확신하노니 사망이나 생명이나 천사들이나
권세자들이나 현재 일이나 장래 일이나 능력이나
높음이나 깊음이나 다른 어떤 피조물이라도
(   )를 (   ) 주 그리스도 예수 안에 있는
하나님의 사랑에서 끊을 수 없으리라.(롬 8:38-39)

* 주일 예배 말씀 *

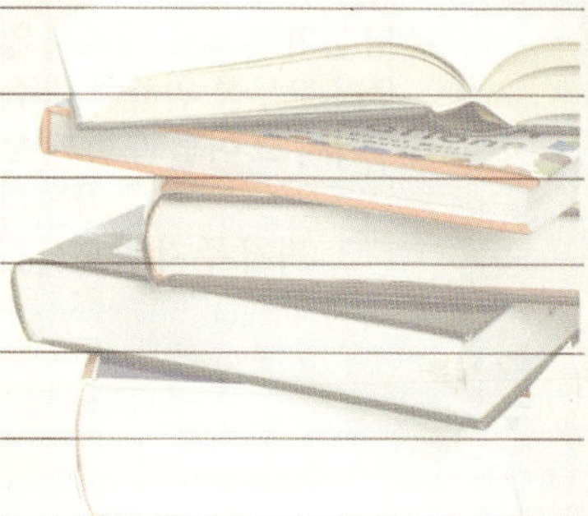

8과 Quiz

Q1. 다니엘의 세 친구가 죽을 위기에서 하나님을 부인했습니까?

Q2. 그 풀무불 가운데 있을 때 그들과 함께한 분은 누구였습니까?

9 죽으면 죽으리이다

READY

왕비 에스더

Q1. 1999년에 제작된 라파엘 메르테스 감독의 영화 "에스더"입니다.
에스더 왕비에 대해 아는 대로 말해보십시오.

KNOW 하나님의 오묘한 역사

open 마음열고 생각하기

우리가 앞에서 배운 것처럼 고레스 왕에게 바벨론이 멸망당한 후
이스라엘은 고레스의 명령에 따라 예루살렘 귀환이 이루어졌고
우여곡절 끝에 성전 건축이 B.C. 515년에 완료되었습니다.
(스 5-6장; 학 1:12-15)
그 후 58년 동안 이스라엘은 피폐하고 타락합니다. 절망적인 상황이었습니다.
그런데 아닥사스다 왕 7년(스 7:7, B.C. 458)에
에스라가 아닥사스다 왕의 허락을 받고 1,754명과 함께 예루살렘으로 귀환하였습니다.
바로 희망의 시작이었습니다. 우리가 배운 내용입니다.

여기서 우리가 주의해야 할 인물이 아닥사스다 왕입니다.
그는 바로 영화 "300"에서 잔인하고 볼품없는 흑인의 모습으로 나오는
페르시아 왕 크세르크세스 1세, 곧 구약 성경에서 아하수에로 왕의 아들이기 때문입니다.

금방 계보에 관심이 생겼을 것 같습니다. 소개하면 이렇습니다.

고레스 캄비세스 다리오 아하수에로 아닥사스다

영화 "300"에서도 잔혹하게 나오지만 에스더서에서도
아하수에로 왕은 잔인한 왕으로 보이는 기록이 있습니다.
그 당시 아하수에로 왕의 부인은 와스디 왕후였습니다.
그런데 왕이 된 지 3년째 되던 해에 아하수에로 왕은
모든 귀족, 총독 등을 초대하여 무려 180일이나 잔치를 열었습니다.
그러나 그것도 모자란 듯 왕은 수산의 모든 백성들을 초대하여 칠일 동안 더 잔치를 하였습니다.

칠일 째 되는 날, 기분이 좋았던 아하수에로 왕이
왕후 와스디를 그 잔치 자리에 나오게 하였는데,
무슨 이유인지는 모르지만 와스디가 거절하였습니다.
왕은 자신의 권위를 무시했다고 생각하고 와스디 왕비를 폐위시켰습니다.
그리고 새 왕비를 찾아 간택했는데 그가 에스더였던 것입니다.

Q1. 아하수에로 왕의 와스디 왕후 폐위가 정당하다고 생각하십니까?

Dig 말씀으로 살펴보기

에스더가 비록 왕비가 되었지만 위기가 계속되었습니다. 잔인한 왕이긴 하여도 유대인에게 호의적 반응을 보이는 아하수에로를 보면서 유대인을 모함하는 무리가 있었습니다. 바로 아말렉(출 17:8-16) 후예인 하만 일당이었습니다. 그의 모함은 성공적이어서 에스더의 삼촌인 모르드개와 유다 백성이 전부 죽임을 당하는 위기에 이릅니다.

이와 같은 상황에서 모르드개는 왕후 에스더에게 간절히 도움을 구했습니다(에 4:4-14). 그러나 그러한 요청 앞에 머뭇거리는 에스더에게 모르드개는 이렇게 말합니다.

네가 왕후의 자리를 얻은 것이
이 때를 위함이 아닌지 누가 알겠느냐
(에 4:14)

Q2. 이 물음의 의미를 생각하시고
오늘 자신의 위치와 사명과 관련해서 적용해보십시오.

Q3. 모르드개의 요청에 대한 에스더의 대답은 무엇이었는지 살펴본 후
에스더의 "죽으면 죽으리이다"(에 4:16)라는 고백이 무엇을 의미하는지
생각해보십시오.

Reflect
내 삶에 적용하기

아하수에로 왕 다음 왕이 그의 아들 아닥사스다 왕입니다. 이 시기에 침체와 절망에 빠졌던 이스라엘이 다시 일어서는 계기를 만납니다. 앞에서 공부한 것처럼 아닥사스다 왕 7년(스 7:7, B.C. 458)에 에스라가 아닥사스다 왕의 허락을 받고 1,754명과 함께 예루살렘으로 귀환했기 때문입니다. 이것은 우연히 이루어진 일이 아니었습니다.

Q4. 아닥사스다 왕은 아하수에로 왕의 아들이었습니다.
그러므로 아닥사스다 왕은 에스더의 의붓아들이었던 것입니다.
그의 배려가 이유 있어 보이는 부분입니다.
이 같은 하나님의 오묘한 역사를 보면서 어떤 생각이 드십니까?

DO IT

죽으면 죽으리이다의 현장

자신의 요청을 거절했다고 왕비를 폐위시킨 아하수에로 왕을 보면서 에스더가 말한 "죽으면 죽으리이다"라는 고백은 매우 실제적인 위협을 느껴서 한 말임을 알 수 있습니다.

Q1. 이 같은 다짐을 할 만한 역사적 현장이나 자리에 우리도 있을 수 있습니다. 어떤 장면을 꿈꾸고 계시는지 한번 생각하고 적어보십시오.

* 주일 예배 말씀 *

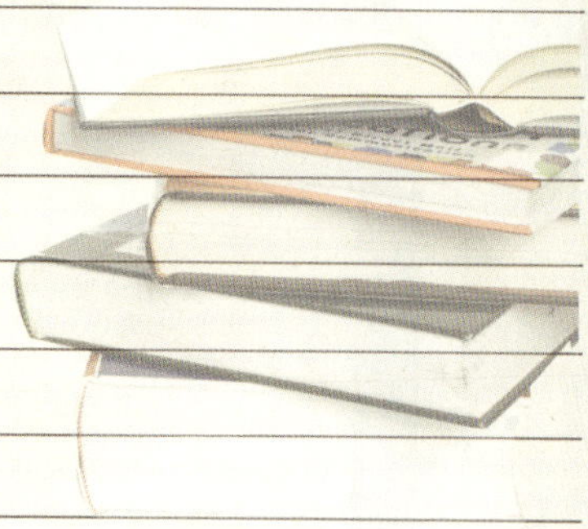

9과 Quiz

Q1. 에스더가 한 "죽으면 죽으리이다" 라는 고백은 무엇을 의미했습니까?

Q2. 이같이 결단해야 하는 상황이 올 때 기꺼이 할 수 있겠습니까?

10 하나님의 발길에 채여서

READY

하나님의 발길에 채여서
다니는 사람들

Q1. 안병무 박사는 그의 책 "역사와 해석"에서 예언자를 "하나님의 발길에 채여서 다니는 사람들"이라고 표현했습니다. 무슨 뜻이라고 생각하십니까?

KNOW

예언자의 책임

open 마음열고 생각하기

우리는 간혹 예언자들을 점술가처럼 이해할 때가 많습니다. 그렇지만 한 가지 분명한 사실은 예언자들이 역사적 현실 속에서 움직이며 행동했다는 사실입니다. 그들은 단순히 사고하며 관념적으로 움직이던 존재들이 아니라 시대적 상황속에서 온 몸으로 행동하던 사람들이었습니다.

Q1. 예언자들의 행동은 하나님의 부르심과 관계 있습니다. 하나님이 부르실 때의 모습들을 한번 살펴보십시오. 이들은 어디에서 부름받았습니까?

예레미야(렘 1:4-7)	이사야(사 6:1-8)	아모스(암 7:14-15)

Dig 말씀으로 살펴보기

예언자들은 미래를 통하여 현재를 보는 사람들이었습니다. 특히 구약의 예언자들은 민족의 미래에 민감하였습니다. 특히 민족의 미래를 보게 된 그들, 즉 다가올 멸망과 사로잡혀 있는 이스라엘 민족에 대한 환상을 본 그들은 가만히 자리에 앉아 있을 수 없었습니다. 그래서 그들은 예언하며 행동하기 시작한 것입니다.

Q2. 예언자들이 지금 심판을 얘기하며 예언할 수밖에 없었던 이유는 무엇입니까?(암 3:7-8)

다시 한번 생각해야 할 것은 예언자들은 결코 점쟁이들이 아니었다는 사실입니다. 그들은 예언하는 것을 직업으로 삼으려 하지 않았습니다. 그들은 단지 하나님께서 말씀하시기에 예언하는 그런 사람들이었습니다. 그러나 오늘 우리 시대에 있어서 소위 예언자라고 하는 사람들을 살펴보면 점쟁이처럼 직업적인 방법으로 예언을 수단화하는 사람들이 너무 많습니다. 하지만 그 당시 예언자들은 모두 민족과 세계를 바라보면서 예언하는 역사성을 띠고 있었지 결코 개개인의 사소한 일들을 예언하지는 않았습니다.

Q3. 여기서 오늘 우리 자신들의 현실을 살펴봅시다.
우리는 개인적인 예언을 하는 자들에 대해
너무 민감하게 반응하고 또 쉽게 속고 있지는 않습니까?

예언자들은 그 시대 속에서 하나님의 부름을 받은 사람들로 그 역사를 책임져야 할 존재들이었습니다. 오늘날에도 하나님께서는 이 역사의 터 속에서 하나님의 부르심에 응답하는 사람들을 찾고 계시며, 그들이 철저히 책임있는 존재로 살아가길 원하십니다. 즉 우리가 이 땅에 있고 하나님의 자녀로 부름받았다는 사실 자체가 이 땅의 모든 사람을 향해 책임 있는 존재라는 말입니다.

Q4. 예를 들어 하나님은 요나를 니느웨 성의 영혼을 구원할 책임 있는 존재로 부르셨습니다. 하나님이 요나를 부르실 때 하나님의 관심은 어디에 있습니까?(욘 4:10-11)

Q5. 요나가 책임져야 할 것은 무엇이었습니까?

Reflect 내 삶에 적용하기

Q6. 우리는 모두 하나님의 부름받은 존재로서 다른 사람들에 대해 책임적인 존재입니다. 나는 책임적 존재로 살고 있다고 생각하십니까?

DO IT 책임적 존재가 되어야 합니다

예언의 핵심은 사람을 살리는 일에 있습니다. 그러므로 민족과 세계를 품는 사람의 시작은 개인을 향한 사랑과 관심에 있음을 알 수 있습니다. 다음은 2011년 12월 29일 아파트 옥상에서 투신 자살한 대구의 어느 중학생의 유서 일부입니다. 수없는 폭력과 수모를 견디다 자살을 택한 친구였습니다.

폭력자살

12월 19일 전 엄마한테
무지하게 혼났어요.
저로서는 억울했지만
엄마를 원망하지는 않았어요.

그리고 그 녀석들은 그날 짜증난다며
제 영어자습서를 찢고
3학년 때 수업하지 말라고
XXX은 한문,
XXX는 수학책을 가져갔어요.

그리고 그날 제 라디오 선을 뽑아
제 목에 묶고 끌고 다니면서
떨어진 부스러기를 주워 먹으라 하였고,
5시 20분쯤부터는 아까 한 이야기와 똑같아요.

(2011년 12월 29일 대구 자살 중학생 유서 일부)

Q1. 하나님의 사람은 이웃과 세상에 대한 책임을 느껴야 합니다.
만일 내가 이 중학생의 같은 반 친구였다면 그런 부당한 폭력을 보면서
어떻게 행동했을 것 같습니까?

Q2. 혹시 내 주변에 이런 폭력 혹은 왕따로 고통당하는 친구는 없는지 적어보십시오.

Q3. 어떻게 하실 것인지 다짐도 적어보십시오.

* 주일 예배 말씀 *

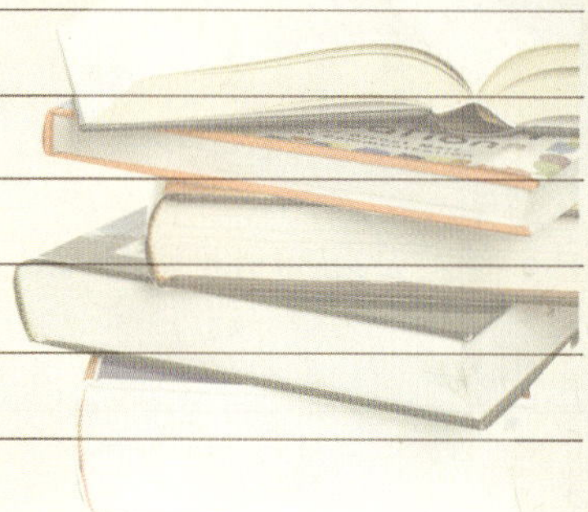

10과 Quiz

Q1. 예언자들을 한 마디로 정의한다면? 10과 제목을 생각해보십시오.

Q2. 예언자 정도는 아니더라도 나는 책임적인 존재입니까?

11 하나님은 온 세상의 하나님

예언자 요나

READY

Q1. 이 그림은 미켈란젤로가 시스티나 예배당에 그린 그림 "선지자 요나"입니다. 요나에 대해 아는 대로 얘기해보십시오.

KNOW

선교의 주체

open 마음열고 생각하기

하나님은 요나에게 이스라엘의 원수인
앗수르의 수도 니느웨에 가서 복음을 전하라고 명령하셨습니다.
하지만 요나는 하나님의 말씀을 피한 채 니느웨와는 정반대인 다시스로 도망쳤습니다.

Q1. 이와 같은 요나의 모습에 대하여 성경은 "그러나 요나가"(욘 1:3)로 표현합니다. 왜 요나는 하나님의 명령에 대하여 순종하지 않은 것입니까?(욘 4:2)

Dig 말씀으로 살펴보기

우리는 요나의 이야기를 통하여
하나님이 이스라엘의 하나님만이 아니라 온 민족의 하나님이심을 깨닫게 됩니다.
요나는 바로 그것이 싫었습니다.
그래서 원수를 살리는 복음을 말하고 회개를 선포할 수 없었습니다.

Q2. 그런데 더 이상한 것은 하나님의 방법이었습니다. 계속 요나에게 요청하셨기 때문입니다. 왜 하나님은 거절하는 요나를 버리고 다른 사람을 택할 수 있었는데 계속해서 요나를 쓰고자 하신 것입니까?

사실 요나가 제비 뽑혀서 바다로 던져졌을 때

모든 것이 끝난 것으로 보였습니다.

그러나 다 끝난 것이 아니었습니다.

그때 하나님이 준비하신 것은 큰 물고기였습니다.

그 물고기 속은 죽음과 같은 곳이었습니다.

비로소 요나는 물고기 뱃속에서 하나님께 기도를 드립니다.

그 기도 내용의 제목을 정한다면

"고난에 대하여"

라고 말할 수 있을 것입니다.

(욘 2:1-9)

Q3. 요나는 물고기 뱃속에서 드리는 기도를 통하여 한 가지 놀라운 사실을 깨닫게 됩니다. 그것은 무엇입니까? (욘 2:9) 여기서 우리는 세상을 살면서 만나는 어려움과 고난에 대한 태도를 배우게 됩니다. 깊이 생각해 보십시오.

요나의 기도 앞에 하나님은 새로운 기회를 주십니다.
물고기는 요나를 육지로 토해냈고
하나님은 요나에게 니느웨 선교를 다시 명령하십니다.
하지만 요나의 선교하는 태도는 상당히 소극적이었습니다.

Q4. 그러나 소극적인 요나의 선교에 대한 니느웨 성읍의 반응은 어떠했습니다까?(욘 3:5-10)

Reflect 내 삶에 적용하기

Q5. 우리는 여기서 선교의 주체에 대하여 다시 한번 생각하게 됩니다.
당신은 선교의 주체가 누구라고 생각하십니까?

DO IT

하나님은 요나와 달랐다

요나의 선교는 니느웨 성읍에 엄청난 역사를 가져왔습니다.
온 성읍에 회개의 불길이 일어난 것입니다.
그렇지만 이상하게도 요나는
이러한 니느웨 성읍의 회개 사건을 여전히 싫어하였습니다.
그것이 요나였고, 이스라엘의 모습이었습니다.

하나님의 뜻은 요나와 달랐던 것입니다.

Q1. 우리가 싫더라도 하나님의 사람이라면 하나님의 뜻을 좇아야 합니다.
먼저 내가 싫어하는 사람들을 적어보십시오.

Q2. 내가 싫어하는 집단이나 나라들을 적어보십시오.

Q3. 이제는 위에 적은 대상들을 보면서
하나님께 긍휼히 여기는 마음을 달라고 기도하십시오.

* 주일 예배 말씀 *

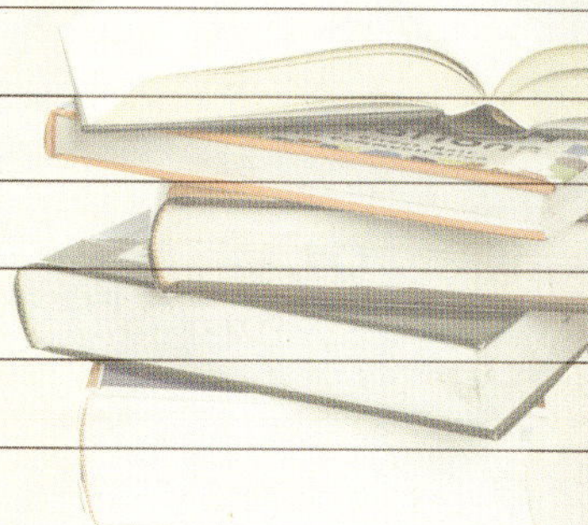

11과 Quiz

Q1. 요나는 왜 하나님의 명령을 피하려고 했습니까?

Q2. 편견에 차 있고 이기적인 요나와 달리 하나님은 어떤 마음을 갖고 계셨습니까?

STUDY

12 경건한 개인, 경건한 교회, 경건한 나라

한 부자가 있었다.
그는 값진 옷을 입고 날마다 즐기며 호화스럽게 살았다.
한편 그 집 대문 앞에는 나사로라는 부스럼투성이의 거지가 누워 있었다.
그가 부자의 식탁에서 떨어지는 부스러기로 주린 배를 채우려 하자 개들이 와서
그의 헌데를 핥았다.

어느 날 거지가 죽어 천사들의 인도로 아브라함의 품에 안겼고 부자도 죽어 땅에 묻혔다.
부자가 지옥에서 고통을 당하는 중에 쳐다보니 멀리 아브라함이 보이고 나사로는
그의 품에 안겨 있었다. 그래서 그는 큰 소리로
"아버지 아브라함이여, 나를 불쌍히 여겨 주십시오.
나사로를 보내 손가락 끝에 물을 찍어다가 내 혀를 시원하게 해 주십시오.
내가 이 불꽃 가운데서 너무 괴로워 죽을 지경입니다."
하고 부르짖었다. 그러나 아브라함은 이렇게 대답하였다.

"생각해 보아라. 너는 살아 있을 때 좋은 것을
마음껏 누렸고 나사로는 온갖 괴로움만 겪었다.
하지만 지금 나사로는 여기서 위로를 받고 너는
거기서 고통을 받고 있다. 이뿐 아니라 우리와
너희 사이에는 큰 구렁이 가로놓여 있어서
여기서 너희에게 건너가고 싶은 사람도 건너
갈 수 없고 거기서도 우리에게 건너올 수 없도
록 되어 있다."

어떤 부자 이야기

Q1. 이 부자가 잘못한 것은 무엇이라고 생각하십니까?

KNOW

책임적인 존재로 부르시다

open 마음열고 생각하기

조금만 유심히 살펴보면 이 부자가 그렇게 나쁜 사람은 아닙니다.
몇 가지 이유에서 그렇습니다.

1. 부자의 대문 앞에 거지 나사로가 누워 있는 것을 허용하였다.
2. 부스러기이지만 거지에게 먹을 것을 준 것으로 보인다.
3. 부자는 거지가 '나사로'인 것을 알고 있었다. 무관심한 부자는 아니었다.

Q1. 그럼에도 불구하고 이 부자가 지옥에 간 이유는 무엇입니까?

Dig 말씀으로 살펴보기

지금까지 공부한 것처럼 이스라엘과 유다가 비록 멸망에 이르지만 그들에게도 부유하고 강력한 왕국을 이룬 시절이 있었습니다. 특히 아모스가 활동한 여로보암 2세 때는 이스라엘 역사상 가장 평화롭고 번성했던 시기였습니다. 그 시대는 정치적으로나 경제적으로나 부유하고 평화로운 시기였습니다. 여로보암 2세는 이스라엘 영토를 회복시켰고 부와 번영을 이루게 하였습니다. 그렇지만 하나님께서 보시기에 이 시대는 악한 시대였습니다.(왕하 14:24)

Q2. 분명히 부와 번영을 누리던 이 시기의 이스라엘이 갖고 있던 잘못은 무엇이었습니까? 다음의 구절들을 통해 당시의 모습을 살펴보십시오.
(암 2:6-7a; 3:15; 4:1; 5:12)

아모스 예언에서 가장 중요한 초점은
타락한 종교와 종교 예식에 대한 것이었습니다.
그들은 마치 바알의 예식처럼 성전에서 더러움을 행하였습니다(암 2:8).
하나님께서는 이러한 그들의 모습과 함께 경제적 악을 행하는 모습을 보면서
정의를 상실한 채 올리는 희생제사와 십일조 및 모든 예배를
비웃으시며 거절하십니다.

Q3. 하나님이 거절하신 예배의식들을 적어보십시오.(암 4:4-5; 5:21-23)

하나님께서는 예배의 물질적인 요소를 기뻐하신 것이 아니라
정의를 기뻐하신 것입니다.
여기에서 말하는 정의는 바로 하나님의 의로서
하나님을 사랑하는 것과 이웃을 사랑하는 일을 포함하는 것입니다.
즉 우리가 그분께 예배하는 삶을 살고자 한다면
그것은 당연히 이웃 사랑도 함께 행해져야 한다는 의미입니다.

그러나 이스라엘은 이 관계를 무시했을 뿐 아니라 오히려 형식적인 예배를 드리면서 오직 자기 중심적인 신앙을 갖고 있었습니다. 바로 하나님께서는 이들의 이러한 점 때문에 심판을 선언하셨습니다.

Q4. 하나님이 이스라엘에 대하여 크게 분노하시는 이유는 무엇입니까?(암 3:2)

하나님이 이스라엘을 선택했다는 말은

하나님께서 이스라엘을 책임적인 존재로 불렀다는 말입니다.

이미 살핀 것처럼 하나님은 이스라엘을 온 세상에 대한 제사장 나라로 부르셨고(출 19:6),

하나님의 소유로 삼으셨습니다(출 19:5).

그리고 거룩한 백성으로 구분하여 쓰고자 하셨습니다(신 7:6).

그렇지만 택함받은 백성이 주신 사명을 감당치 않으므로

이제 그 책임을 묻고 계신 것입니다.

Reflect 내 삶에 적용하기

Q5. 우리 또한 하나님의 선택받은 존재입니다(벧전 2:9). 그러므로 하나님은 오늘 우리에게도 사명을 주셨습니다. 당신은 어떤 책임적인 존재로 부름받았다고 생각하십니까?

DO IT 하나님이 원하시는 것

Q1. 누가복음에 나오는 부자의 잘못은 무엇이라고 생각하십니까?
아래 적어놓은 것 말고 또 있는지 한번 생각해보십시오.

1. "날마다 즐기며 호화스럽게 살았다."
   고통 당하는 거지 앞에서 날마다 즐기는 호화로움은 지나쳤다.
2. 그는 "아버지 아브라함"이라고 부르는 것에서 알 수 있듯이 하나님을 믿는 사람이었다.
3. 그는 거지 나사로를 알고 있었다.
4.
5.

사실 부자인 것이 문제될 수는 없습니다. 단지 어떤 부자의 문제일 뿐입니다.
우리가 부요해지는 것은 하나님도 기뻐하시기 때문입니다.
그러므로 깨끗하고 경건한 부자가 되는 것이 중요합니다.

Q2. 오늘 배운 말씀을 중심으로 민족에 적용하거나
교회 혹은 자신에게 적용해서 답해보십시오.

하나님은 어떤 부자를 원하고 계십니까?

하나님은 어떤 교회를 원하고 계십니까?

하나님은 어떤 나라를 원하고 계십니까?

* 주일 예배 말씀 *

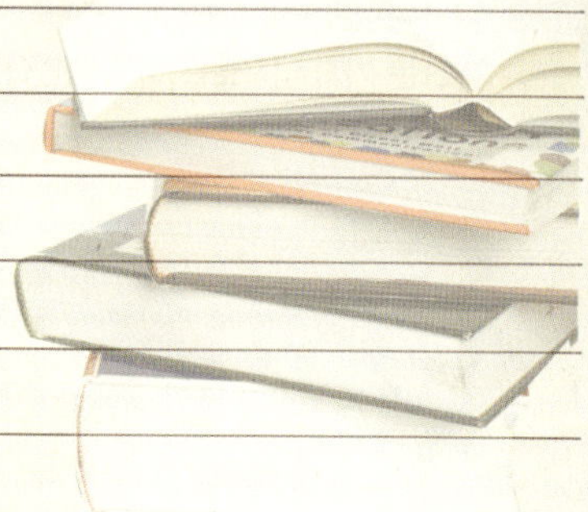

12과 Quiz

Q1. 하나님이 이스라엘에 대하여 분노하시는 이유는 무엇입니까?

Q2. 하나님은 어떤 부자를 원하고 계십니까?

13 온 세상에 하나님이 가득하시다

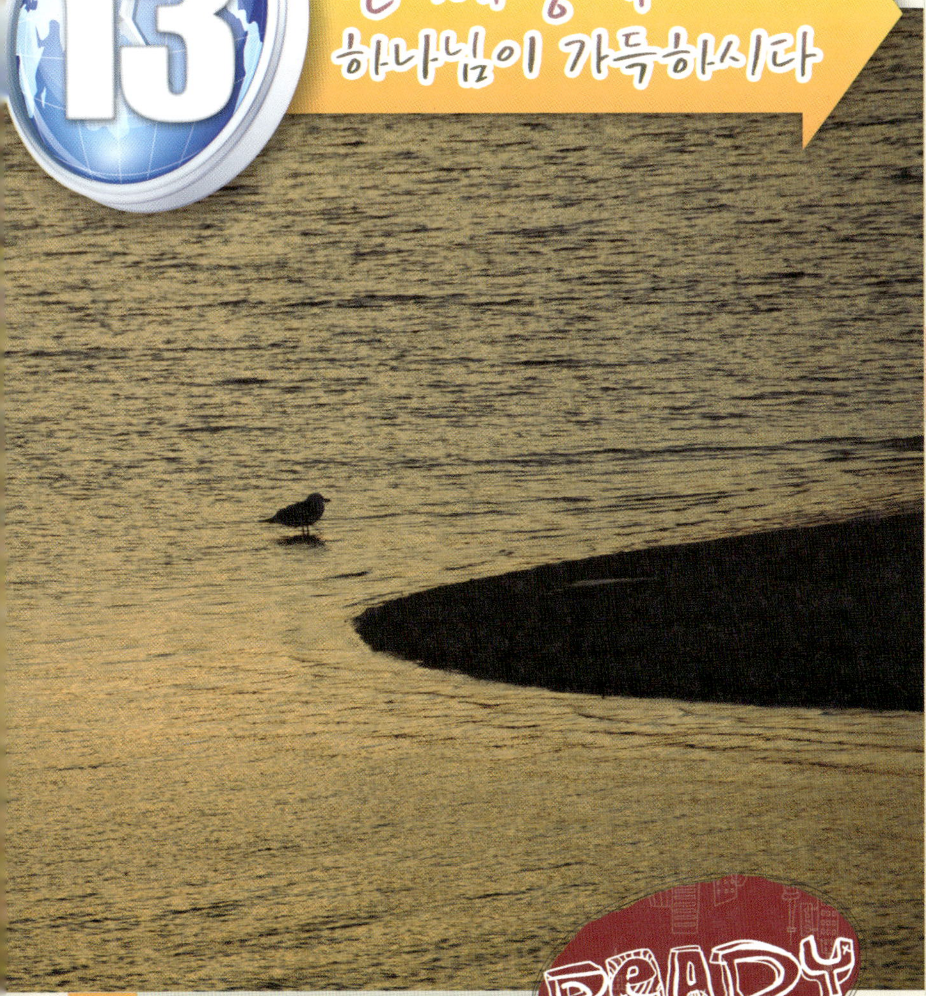

어떤 느낌이 드십니까?

READY

Q1. 어느 겨울 저녁 무렵 속초 영랑호에서 찍은 사진입니다.
새 한 마리의 모습이 참 외롭게 보였습니다. 어떤 느낌이 드십니까?

온 세상에 하나님이 가득하시다

마음열고
생각하기

물을 향해 서 있는 외로운 새의 사진 안에 들어오지 않은 장면을 좀 더 넓게 잡아보았습니다.
또 다른 새가 그를 바라보고 있었습니다.

Q1. 그 새가 외로워보였지만 누군가 보고 있었습니다.
아직도 그 새가 외로워보이십니까?

Dig 말씀으로 살펴보기

어느 날 다윗이 하늘과 달과 별들을 보았습니다. 우리가 늘 보던 하늘 별 달과
별로 차이가 없었을 것입니다. 그런데 갑자기 다윗이 소리치기 시작했습니다.
하나님이 보였던 것입니다.

"여호와 우리 주여
주의 이름이 온 땅에 어찌 그리 아름다운지요
주의 영광이 하늘을 덮었나이다.
주의 손가락으로 만드신 주의 하늘과
주께서 베풀어 두신 달과 별들을 내가 보오니
사람이 무엇이기에
주께서 그를 생각하시며
인자가 무엇이기에
주께서 그를 돌보시나이까
그를 하나님보다 조금 못하게 하시고
영화와 존귀로 관을 씌우셨나이다
주의 손으로 만드신 것을 다스리게 하시고
만물을 그의 발 아래 두셨으니
여호와 우리 주여
주의 이름이 온 땅에 어찌 그리 아름다운지요"
(시편 8편)

다윗이 본 것입니다. 이 멋있는 세상을 하나님이 창조하신 것을 안 것입니다.
더 놀라운 것은 세상에 온통 가득한 것들이 하나님께서 모두 자신을 위해
만든 것이라는 사실을 안 것입니다.

"도대체 제가 누구인데
이렇게 생각해 주시며
도대체 제가 어떤 존재이길래
이토록 배려하시는 것입니까?"
(하정완의역/시 8:4)

Q2. 이 같은 깨달음이 다윗의 힘이었습니다.
이처럼 온 세상에 하나님이 가득하시다는 것을 아십니까?

"온 세상에 하나님이 가득하시다"

그런데 문제는 우리가 보지 못하는 것입니다. 이것이 문제입니다.
다시 같은 질문을 던져보고 싶습니다.

Q3. 왜 보지 못하는 것입니까?

시인 고은 선생이 쓴 "그 꽃"이라는 시가 있습니다.
같이 한 번 읽어보겠습니다.

내려갈 때 보았네

올라갈 때 보지 못한

그 꽃

Q4. 왜 올라갈 때 보지 못했던 꽃이 내려올 때는 보인 것입니까?

예수님의 탄생을 사람들이 전혀 모르고 있을 때
별을 연구하던 동방의 박사 세 사람이 그것을 알아차렸습니다.
그리고 그 별을 따라 베들레헴 마구간을 찾아갑니다.

"박사들이… 갈새
동방에서 보던 그 별이 문득 앞서 인도하여 가다가
아기 있는 곳 위에 머물러 서 있는지라."
(마 2:9)

Q5. 우리가 무심코 지나치던 별을 보며 박사들은 아기 예수의 탄생을 알았습니다. 어떻게 그들의 눈에는 보인 것입니까?

Reflect 내 삶에 적용하기

하나님은 놀랍게도 별을 통하여, 어떤 때는 사람이나 사건 심지어는 짐승을 통하여서도 말씀하셨습니다. 그 이유는 온 세상에 하나님이 가득하시기 때문입니다. 그래서 바울이 이렇게 말하였습니다.

"이는 하나님을 알 만한 것이 그들 속에 보임이라
하나님께서 이를 그들에게 보이셨느니라
창세로부터 그의 보이지 아니하는 것들
곧 그의 영원하신 능력과 신성이
그가 만드신 만물에 분명히 보여 알려졌나니
그러므로 그들이 핑계하지 못할지니라."

(롬 1:19-20)

Q6. 하나님은 우리에게 오늘도 말씀하십니다. 혹시 동방박사처럼 혹은 다윗처럼 이 세상 사는 동안에 개인적으로 하나님을 느껴본 적이 있었습니까?

DO IT

성령을 부어주소서

이 사진처럼 그 새가 있는 세상은 이렇게 넓은 세상이었습니다.
아니, 이것보다 더 큰 세상이 숨어 있습니다.
그런데 그 새가 외로워보였던 것은 자기만 바라보며 거기에 갇혀 있었기 때문이었습니다.

또 한 가지 중요한 것이 더 있습니다.

그것은 우리가 세상 속에 가득한 하나님을 발견할 수 없는 결정적인 이유는 하나님이 우리에게 드러내시기 전까지 우리 스스로, 우리 힘으로는 하나님을 발견할 수 없기 때문입니다. 우리가 하나님을 알 만큼 민감하거나 영적이지 않기 때문입니다. 그래서 하나님이 우리에게 성령을 선물로 주시는 것입니다. 성령이 임할 때 우리는 새로운 시각이 열리기 때문입니다.

Q1. 먼저 사도행전 기자가 인용한 요엘 선지자의 말씀을 함께 소리를 내어 읽어보십시오.

> "하나님이 말씀하시기를
> 말세에 내가 내 영을
> 모든 육체에 부어 주리니
> 너희의 자녀들은 예언할 것이요
> 너희의 젊은이들은 환상을 보고
> 너희의 늙은이들은 꿈을 꾸리라"
> (행 2:17)

Q2. 이제는 다 함께 성령이 나에게 임하여 눈이 열려 비전을 보고, 꿈을 꾸는 존재가 되게 해달라고 기도하는 시간을 가져보십시오.